AF253893

L'ILE DE CHYPRE

ET LA RÉPUBLIQUE FRANÇAISE

AU CONGRÈS DE BERLIN

F. AUREAU. — IMPRIMERIE DE LAGNY.

L'ILE DE CHYPRE

ET LA

RÉPUBLIQUE FRANÇAISE

AU

CONGRÈS DE BERLIN

PAR

DE CHÉON

PARIS

E. DENTU, ÉDITEUR

LIBRAIRE DE LA SOCIÉTÉ DES GENS DE LETTRES

PALAIS-ROYAL, 15-17-19, GALERIE D'ORLÉANS

—

1878

L'ILE DE CHYPRE

ET LA RÉPUBLIQUE FRANÇAISE

AU CONGRÈS DE BERLIN

I

En 1813, un officier de la marine anglaise écrivait à
son gouvernement (1) : « La possession de Chypre don-
nerait à l'Angleterre une influence prépondérante
dans la Méditerranée et mettrait en son pouvoir les
futures destinées de l'Orient. L'Égypte et la Syrie tom-
beraient bientôt dans sa dépendance et elle acquerrait
relativement à l'Asie Mineure une position qui tien-
drait en échec et la Porte et la Russie. »

Chypre est après la Sicile la plus belle des îles de la
Méditerranée ; comme importance elle vient après la
Sicile, la Sardaigne et la Corse. Sa superficie couvre
un million d'hectares, elle a 55 lieues de longueur sur
25 de largeur. Située entre l'Asie Mineure et la Syrie,
elle commande l'entrée de l'isthme de Suez, c'est-à-dire
le chemin des Indes. Ses richesses minérales sont célè-

(1) Rapport de M. Kiénner, officier de la compagnie des Indes, sur
une mission géographique et politique.

bres comme ses vins depuis la plus haute antiquité, et sa production agricole actuelle, malgré la déplorable administration turque, est la preuve de sa haute fertilité.

Le produit des céréales atteint une valeur annuelle de plus de quatre millions de francs ; il faut y ajouter les huiles, la garance, le coton, le tabac, les soies, le bois, le vin, le bétail et le gibier. 610 villes et villages renferment une population de 150 à 180,000 âmes dont un tiers seulement de Turcs et les deux tiers de Grecs.

Malte-Brun estime que dans les temps de sa prospérité elle a pu compter un million d'habitants.

Son histoire remonte à la mythologie ; c'est à Chypre qu'on retrouve le mont Olympe et c'est sur ses bords que Vénus sortit du sein des flots.

Après la domination romaine, l'île fut indépendante jusqu'au septième siècle, époque à laquelle s'y établirent les empereurs grecs. En 744 elle tomba au pouvoir des Arabes. En 1191, un roi d'Angleterre, Richard Cœur de Lion, s'en empara et la donna d'abord aux Templiers, puis à Guy de Lusignan, roi de Jérusalem. Sous cette dynastie française, Chypre eut trois siècles de prospérité. Des discordes intestines la livrèrent en 1373 aux Génois, puis à Jacques III, et, enfin, aux Vénitiens qui la gardèrent 80 ans.

En 1571, le sultan Selim s'en empara et depuis elle n'a cessé d'appartenir aux Turcs.

Les Cypriotes essayèrent en vain à deux reprises de secouer le joug des mahométans : en 1764 le mouvement fut promptement comprimé ; en 1823 leur révolte fut l'occasion d'un affreux massacre de la population grecque.

L'Ile a trois ports : Famagouste, le petit port fortifié de Kirinia en face la Caramanie, celui de Limarsol au sud-est, et la rade de Larnaca à l'est. Famagouste, le plus important, fut naguère fortifié par le célèbre ingénieur Martinengo ; complétement abandonné depuis les Vénitiens, ce port agrandi et ses fortifications relevées sera bientôt un port de guerre de premier ordre.

Telle est l'île que l'habile et prévoyante politique de lord Beaconsfield vient d'ajouter aux possessions britanniques. Comme Malte et Gibraltar, Chypre recevra une garnison de cinq mille hommes, ce qui, avec les marins de la flotte, constituera une force anglaise permanente de vingt mille soldats dans la Méditerranée. Ces trois points occupés militairement aux deux extrémités et au centre donnent à l'impératrice des Indes une force incontestable en Europe, et justifient l'appréciation de ceux qui prétendent que la Méditerranée est désormais un lac anglais. Il est utile de remarquer que le statut anglais interdit l'introduction de troupes indiennes en Europe sans l'assentiment du Parlement et l'on a vu récemment les attaques de l'opposition contre le ministère qui avait appelé des troupes de l'Inde à Malte.

Or, Chypre est en Asie, et, sans le concours du Parlement, le gouvernement britannique pourra masser dans cette île toutes les troupes indiennes qu'il voudrait, à un moment donné, jeter sur le continent. Au point de vue stratégique, la possession de Chypre assuré donc à l'Angleterre une prépondérance marquée en Europe ; « *elle complète enfin aux mains des* « *Anglais la possession de cette Méditerranée dont ils occu-* « *paient déjà l'entrée à Gibraltar et le centre à Malte.* » (*Journal des Débats* du 10 juillet.)

En Orient, les avantages de la convention du 4 juin pour l'Angleterre, sont plus considérables encore. Chypre commande les côtes de Syrie, de Caramanie, l'entrée de l'Archipel, et, par-dessus tout, ajoute le *Temps*, l'entrée du canal de Suez. Comme le gouvernement britannique a eu la prévoyance de racheter naguère toutes les actions du khédive, il se trouve déjà propriétaire d'une grande partie de ce canal et avec sa nouvelle position devant les côtes de Syrie, on peut dire que l'Égypte est désormais dans sa dépendance ; l'Angleterre est ainsi maîtresse de la route des Indes et, dans un projet de chemin de fer d'un port de Syrie au bassin de l'Euphrate, exposé par sir Frédéric Goldsmid, dans une récente conférence, l'île de Chypre était représentée comme une sorte de tête de ligne des chemins de fer de l'Euphrate. Enfin, le protectorat de la Turquie d'Asie lui assure une influence décisive dans les destinées de l'Orient ; elle rapproche ses stations de surveillance sur les agissements de la Russie du côté des Indes et lui fournit surtout la force et les moyens nécessaires pour s'y opposer. C'est là le grand résultat de la convention du 4 juin, car elle a déplacé la question d'Orient qui se trouve aujourd'hui n'être plus une question européenne. Il ne s'agit plus que de la domination de l'Asie et de l'Inde, et cette domination sera désormais disputée entre l'Angleterre et la

Russie. « *Le protectorat anglais dans l'Asie Mineure et l'antagonisme, avoué et motivé par l'Angleterre que ce protectorat établit entre la Grande-Bretagne et la Russie, est un fait d'une importance qui dépasse celle de toutes les résolutions prises ou à prendre par le Congrès.* » (Le *Temps* 14 juillet.)

L'Angleterre a-t-elle eu tort de fortifier du même coup sa puissance en Europe et son influence en Orient? qui oserait le lui dire ? Un peu effacée dans les événements contemporains, elle a tout à coup reconquis son prestige, car, par une politique habile et incontestablement civilisatrice, elle a obtenu « *des résultats considérables sans exposer une goutte de sang anglais.* » (Discours de lord Beaconsfield à la Chambre des lords.)

Tel est le résultat de la convention proposée dès le 30 mai dernier par le gouvernement anglais à la Porte Ottomane et signée par celle-ci cinq jours après, le 4 juin.

Ainsi le Congrès de Berlin n'a eu qu'à sanctionner un traité fait en dehors de lui et préparé secrètement entre toutes les puissances à l'exclusion de la France et de l'Italie laissées à l'écart et contre lesquelles il était dirigé. Ces deux puissances n'ont point été consultées, et on a proposé à leur signature et à leur ratification des conventions qui ne blessaient pas moins leurs intérêts que leur dignité.

Les intentions de la Russie sur Constantinople ne sont un secret pour personne. L'histoire est là pour en témoigner en même temps que des résistances de l'Europe. La France et l'Angleterre ont de tout temps combattu par la diplomatie et par les armes l'ambition moscovite en Orient. En 1856, la guerre n'eut pas d'autre objet. Le traité de Paris eut deux résultats immédiats : refouler le débordement de la Russie sur l'Orient et faire entrer l'Italie (qui n'était alors que le Piémont) dans les conseils de l'Europe.

C'est ce double résultat, obtenu par les armes de la France, de l'Angleterre et du Piémont, que la Russie a voulu anéantir en entreprenant la dernière guerre contre la Turquie. Elle l'avait atteint pleinement par le traité de San Stefano, et avait, de plus, substitué à l'influence combinée de l'Europe son action et sa prépondérance exclusive dans la presqu'île des Balkans jusqu'aux portes de Constantinople. Les protestations de l'Angleterre et de l'Autriche mirent obstacle à la réalisation de ce traité, et les menaces de guerre du gouvernement britannique obligèrent la Russie à demander la médiation de l'Allemagne. Après une série de voyages, de circulaires et de péripéties diplomatiques, où la Russie faisait valoir ses victoires, ses sacrifices et les faits accomplis, pendant que le comte Andrassy, et surtout lord Beaconsfield, plaidaient le respect des traités, le droit de l'Europe et les intérêts de la Grèce, un congrès se réunit à Berlin sous la présidence du prince de Bismark. Les bases étaient les *modifications* à apporter au congrès de Paris par la *discussion* complète du traité de San Stefano par toutes les puissance signataires de 1856 et, en outre, l'admission de la Grèce au congrès.

Le congrès se réunit, et, le 13 juillet, les plénipotentiaires qui le composaient signaient le traité de Berlin.

Pour se rendre compte de l'œuvre du congrès, il suffit de mettre en regard les clauses du traité de San Stefano et celles du traité de Berlin.

TRAITÉ DE SAN STEFANO

L'indépendance du Montenegro (art. 1).

L'indépendance de la Serbie (art. 3).

L'indépendance de la Roumanie (art. 5).

L'indépendance de la Roumélie et de la Bulgarie réunies en une seule principauté, avec une occupation temporaire de 50,000 Russes (art. 6).

Les forteresses du Danube seront rasées (art. 12).

En Bosnie et en Herzégovine on accomplira immédiatement les réformes fixées dans la conférence de Constantinople, et cela avec l'*assentiment* de la Russie et de l'Autriche (art. 14).

En Crète, le règlement organique de 1869 sera appliqué de la manière la plus stricte. Une organisation analogue sera rétablie en Epire, en Thessalie et dans les autres parties de la Turquie d'Europe (art. 15).

L'indemnité pourra être payée par la cession à la Russie de la Bessarabie, d'Ardahan, de Kars, de Batoum et de Bayazid (art. 20).

Les priviléges des moines du mont Athos sont maintenus (art. 12).

TRAITÉ DE BERLIN

L'indépendance du Montenegro (art. 24).

L'indépendance de la Serbie (art. 31).

L'indépendanee de la Roumanie (art. 40).

L'indépendance de la Bulgarie et de la Roumélie, la première sous la suzeraineté du sultan, avec un gouverneur chrétien et une milice nationale (art. 1, 13 et 15). Occupation temporaire par 50,000 Russes.

Les forteresses du Danube seront rasées (art. 50).

La Bosnie et l'Herzégovine seront occupées et administrées par l'Autriche-Hongrie (art. 23).

En Crète, la Sublime Porte s'engage à appliquer scrupuleusement dans l'île de Crète le règlement organique de 1869. Des règlements analogues seront introduits dans la Turquie d'Europe (art. 55).

La Bessarabie est rétrocédée à la Russie (art. 42) ainsi que Kars, Ardahan et Batoum.

Les priviléges des moines du mont Athos sont maintenus. *Statu quo* pour les droits acquis à la France dans les lieux saints.

Le fond est absolument le même, et le *Journal des Débats* (7 juillet) disait très-justement : « Les concessions russes ne portent que sur la forme et non sur le fond. » La *Presse*, de Vienne, journal très-ministériel, écrivait le 4 juillet : « La Russie peut être entièrement « satisfaite. Le congrès lui a donné des satisfactions « abondantes pour les désagréments que les négocia- « teurs du traité de San Stefano ont pu éprouver des « critiques *venues d'abord de tous les points du monde.* « Presque tous les articles de ce traité sont, il est vrai, « modifiés dans la rédaction, mais l'esprit et la ten- « dance restent les mêmes. »

La Turquie d'Europe est démembrée, elle serait détruite absolument n'était l'importance de Constantinople qu'aucun des copartageants n'a osé ni pu s'attribuer ; c'est là l'unique raison qui a arrêté les maîtres de la politique contemporaine. Mais les deux véritables rivaux pour la possession de cette terre promise s'en sont rapprochés le plus possible. L'indépendance de toutes les principautés, au nord des Balkans, assure la domination russe sur toute cette contrée, et l'organisation autonome de la Roumélie au sud prépare la future Bulgarie qui mettra les armées du czar aux portes de Constantinople. La modification introduite à cet égard au traité de San Stefano n'est pour la Russie qu'un retard et non un obstacle. La possession de Kars, de Batoum lui ouvre la Turquie d'Asie et lui permet d'affirmer sa rivalité avec l'Angleterre et ses prétentions au chemin des Indes. Enfin, la possession des bouches du Danube et de la Bessarabie ont achevé d'anéantir le traité de Paris de 1856, et le prince Gortschakoff, par les armes et par la politique, a non-seulement enlevé les barrières que ce traité avait imposées à l'ambition moscovite, mais vengé l'orgueil des czars de l'incontestable échec que lui avaient infligé les victoires d'Inkermann et de Malakoff.

Le 6 juillet 1783, Catherine II écrivait à Potemkin, après l'incorporation de la Crimée : « Quant à l'envie « que cela excite en Europe, je ne m'en soucie guère ; « qu'ils déclament et se chamaillent tant qu'il leur « plaira, et nous, en attendant, nous ferons notre « besogne. » — « Je ne mourrai pas avant d'avoir « chassé les Turcs de Constantinople, humilié l'or- « gueil de la Chine et ouvert un chemin vers les « Indes », disait-elle encore en 1796 (1).

Il n'y a pas encore un siècle de cela, et son rêve est en train de se réaliser au grand honneur et au grand profit de la Russie.

L'Autriche elle aussi avait protesté contre le traité de San Stefano et avait un instant fait mine de vouloir s'opposer à son exécution. Le général Ignatieff dépêché vers le comte Andrassy avait eu bientôt raison de cette menace de dislocation de l'alliance des trois Empereurs et ces deux diplomates avaient aussitôt posé les bases du concours de l'Autriche aux vues de la Russie sur le règlement de la question d'Orient. Moins directement intéressé que l'Angleterre, l'empire d'Autriche devait se contenter de la liberté de navigation du Danube et d'une légère compensation terri-

(1) Recueil des documents historiques publié par la société impériale historique de Russie présidée par le grand duc héritier.

toriale qui, tout en la rapprochant du futur théâtre des luttes en Orient, ouvrait à son commerce des voies nouvelles et plus sûres. Son extension vers le sud de l'Adriatique devait avoir ce double résultat, et la Russie s'empressa de lui donner l'administration de la Bosnie et de l'Herzégovine avec occupation militaire, c'est-à-dire prise de possession, et lui attribua même sur les territoires non confiés à ses soins, toutes les lignes de chemin de fer qui relient le Danube à la mer Egée. C'est donc dans ce que le traité de San Stefano avait laissé à la malheureuse Turquie que le czar prit encore de quoi satisfaire l'Autriche, s'assurer son adhésion aux plans russes et conserver l'alliance des trois Empereurs. Grâce à ces compensations et à ces avantages incontestables d'ailleurs, l'Autriche se déclara satisfaite, abandonna les intérêts européens à la politique russe et se trouva suffisamment armée contre les menaces du panslavisme.

C'est dans ces conditions qu'elle a consenti à assister au Congrès c'est-à-dire lorsque tous les points qui l'intéressaient furent réglés entre elle et la Russie.

La Turquie, vaincue non sans honneur, ne pouvait espérer du Congrès qu'une atténuation du traité de San Stefano. Elle savait que l'alliance des trois Empereurs laissait peu d'espoir à ses revendications, cependant l'importance et l'état de ses efforts qui pensèrent un moment compromettre les armées russes, pouvaient donner quelque poids à ses protestations et elle avait pu compter sur l'appui de l'Angleterre, de la France et de l'Italie.

L'honneur, la tradition et l'intérêt commun de ces

puissances européennes leur faisaient un devoir, en effet, de soutenir la Turquie et de conserver tout ce qu'il serait possible du traité de 1856, Les plénipotentiaires turcs seraient donc allés au Congrès aves les espérances et les illusions de ceux de France et d'Italie, si le comte de Beaconsfield n'avait ouvert les yeux du sultan sur sa situation. La France et l'Italie ne comptent pas au Congrès, a-t-il pu lui dire, elles ne peuvent rien pour vous, votre sort est fatal et votre seule ressource est de mettre à l'abri ce qu'on vous laissera, en le mettant sous ma protection que vous payerez d'avance par la cession de l'île de Chypre. Et le marché fut conclu à la satisfaction de la Turquie puisqu'elle y a gagné un protecteur c'est-à-dire un allié puissant et habile.

Quant à la France quant à l'Italie, elles ne furent pas même informées de ces conventions avec lesquelles *toutes les autres puissances* arrivaient au Congrès où elles ne furent point discutées, M. de Bismark faisant ainsi ratifier son œuvre par nous et nos frères d'Italie dans un congrès européen, rappelle Louis XIV entrant au Parlement botté, éperonné et la cravache à la main. Mais nous seuls avons obéi. Les autres nations ont traité ; aussi ont-elles garanti leurs intérêts et sauvegardé leur honneur tandis que nous avons sacrifié les nôtres et que la République française a été le jouet de la diplomatie européenne.

Un coup d'œil sur l'histoire du Congrès va nous le démontrer.

II

Après une guerre pénible mais enfin couronnée par d'éclatantes victoires, la Russie avait imposé à la Porte Ottomane le traité de San Stefano qui achevait de déchirer le traité de Paris de 1856 et substituait la prépondérance du czar en Orient aux influences combinées de l'Europe. Toutes les puissances signataires du traité de Paris étaient ainsi écartées des affaires d'Orient au profit exclusif de la Russie. L'Angleterre et l'Autriche protestèrent au nom du respect des traités et lord Salisbury lança la fameuse circulaire qui défendait si chaleureusement les intérêts européens et menaçait de s'opposer *même par la guerre* à l'exécution du traité de San Stefano. On arma de part et d'autre et tout semblait présager un de ces chocs épouvantables entre deux grandes nations lorsque les bons offices de l'Allemagne évitèrent à l'humanité cette sanglante épopée. Grâce à son intervention *conciliante et désintéressée* on s'entendit sur les bases d'un congrès qui siégerait à Berlin. Le prince de Bismark en accepta la la présidence. Pour rappeler la Russie au respect des traités, affirmer la suprématie du droit sur la force et rendre au traité de *Paris* tout ce que les intérêts de l'Europe y avaient introduit sous la haute influence de la France alors victorieuse et puissante, pour accomplir une telle œuvre de réparation et de justice le Congrès ne pouvait mieux choisir que Berlin comme lieu de réunion et le prince de Bismark comme président !

En acceptant de diriger les débats du Congrès, il est aisé de comprendre que le grand chancelier de l'Allemagne voulait y faire triompher sa propre politique. Ses intérêts à lui ne sont pas en Orient, mais en Europe, et c'est à ce point de vue qu'il s'est placé pour diriger l'œuvre des plénipotentiaires.

Son but évident était de resserrer l'alliance des trois empereurs, et pour cela il devait donner pleine satisfaction à la Russie, et accorder à l'Autriche une compensation suffisante. Mais dans cette voie, il rencontrait nécessairement l'Angleterre irritée et menaçante. C'était-là son point noir, car de la France et de l'Italie il se souciait peu, et savait qu'il pouvait compter sans elles. Lord Beaconsfield par sa politique belliqueuse, avait forcé les trois empereurs à négocier avec lui, et sa situation était d'autant plus forte qu'il dissimulait les intérêts particuliers de l'Angleterre derrière les intérêts généraux de l'Europe, et parlait au nom du droit et du respect des traités. Pour éviter la guerre, et surtout pour forcer la France et l'Italie à signer leur propre abdication au Congrès, il fallait à tout prix l'assentiment de l'Angleterre. On l'obtint en ratifiant la fameuse convention anglo-turque du 4 juin, qui partageait l'influence en Orient entre l'impératrice des Indes et l'empereur de Russie, et, par la cession de Chypre, assurait à la Grande-Bretagne, avec un accroissement de puissance dans la Méditerranée, une influence décisive dans les destinées futures de l'Europe. C'était payer cher le concours des Anglais au déplacement de la question d'Orient, mais quel prix ne mettrait pas le prince de Bismark à l'abaissement de la France. Ainsi c'est le grand chancelier de l'Allemagne et lord Beaconsfield qui ont, par leur politique habile, rendu le Congrès possible, en assurant chacun à leur pays des avantages considérables ; c'est leur œuvre que le Congrès de Berlin a ratifiée.

Lorsque M. de Bismark, d'accord avec la Russie, l'Autriche et l'Angleterre, eut ainsi réglé secrètement le démembrement de la Turquie d'Europe et déchiré jusqu'au dernier article du traité de Paris de 1856, il convia tous les signataires de ce traité à se réunir au Congrès à Berlin, sous sa présidence, pour discuter le traité de San Stefano. La France et l'Italie, qui ignoraient cette entente préalable, en étaient encore aux déclarations du comte Andrassy et à la circulaire du marquis de Salisbury. M. Waddington et M. Corti sont donc allés au Congrès pour soutenir l'Autriche et l'Angleterre dans leurs déclarations officielles, c'est-à-dire pour les aider à sauver ce qu'il serait possible du traité de Paris. Signataires de ce traité, la France et l'Italie qui avaient versé leur sang sur les mêmes champs de bataille pour résister à la domination russe, avaient le devoir de défendre leur œuvre de 1856, et, au nom des intérêts européens, d'appuyer les observations de l'Angleterre et de l'Autriche, tout en tenant compte des modifications imposées par les sacrifices et les victoires de la Russie. Elles avaient encore le droit et le devoir de soutenir, et de faire triompher, dans la mesure du possible, les prétentions de la Grèce, dont lord Salisbury avait pris si ouvertement le parti. C'était là, d'ailleurs, la politique traditionnelle de la France, son intérêt et celui de l'Italie, et toutes deux s'étaient proposé le noble but d'apporter leur concours moral et désintéressé pour la défense des intérêts généraux de l'Europe. Telle était la mission de nos diplomates républicains à Berlin, et elle a gonflé l'orgueil de certains journaux français, qui n'ont pas craint, comme le *Rappel*, de proclamer que la République française serait au Congrès l'*arbitre de l'Europe*, ou comme le journal de M. Gambetta, que M. Waddington y aurait *une influence décisive*. Que devaient penser de ces déclarations, les véritables diplomates, qui avaient réglé, sans nous et contre nous, toutes les questions dont nos fins politiques annonçaient que nous serions les arbitres !

Mais quels mécomptes attendaient notre ministre des affaires étrangères et notre ambassadeur à Berlin. De quel étonnement ont-ils dû être saisis, lorsqu'ils ont vu la Bosnie et l'Herzégovine, arrachées à la Turquie, pour être données à l'Autriche ; la Bessarabie rendue à la Russie, les forteresses du Danube rasées au profit du czar ; toute la Turquie d'Europe décidément démembrée ; la Grèce abandonnée à son ennemie séculaire sans l'ombre d'une garantie, et devant tous ces triomphes de la politique russe l'Angleterre silencieuse et l'Autriche consentante. Qu'attendaient-ils donc *ces arbitres de l'Europe*, pour jeter dans la balance le poids de leur *influence décisive ?* C'était le moment où le *Journal des Débats* et le *Temps*, les organes sérieux du parti républicain, raillaient agréablement l'Angleterre sur l'effacement de son rôle. Sans doute, M. Waddington et M. de Saint-Vallier échangeaient un sourire narquois, en prenant place à côté du comte de Beaconsfield ! Rien n'a pu les tirer de leur erreur et de leur confiance enracinée ; quand l'Angleterre a laissé la Russie prendre Kars et Batoum, ils n'ont rien pressenti, rien compris, ils ont continué à être étonnés ; mais en gens bien élevés, en diplomates habiles, ils n'ont pas même laissé voir leur désappointement, et se seraient bien gardés d'élever la voix au milieu de tous ces représentants de la vieille Europe , si polis d'ailleurs et si empressés auprès d'eux. Enfin, à la veille de signer le démembrement de la Turquie, qu'ils étaient allés défendre, et le triomphe de la politique russe, qu'ils voulaient combattre, ils ont appris, par l'Angleterre elle-même, la convention anglo-turque qui complétait la situation ; et, peut-être alors ils ont compris qu'ils étaient joués, que la France et l'Italie étaient supplantées jusque dans la mer qui baigne leurs côtes, et qu'elles étaient décidément tenues en dehors de la question d'Orient, et annihilées en Europe.

La colère de M. Gambetta à ce moment s'explique fort bien, car c'était sa politique qui était battue et, après ses voyages diplomatiques, ses relations avec le duc d'Aoste et surtout avec le prince de Galles, une telle déconvenue était faite pour l'irriter. M. Waddington et M. de Saint-Vallier sur qui pesait la responsabilité des décisions ne pouvaient et ne voulaient déclarer la guerre à l'Angleterre, mais malgré l'heure tardive, sans en faire un *casus belli*, il semble que des hommes plus soucieux de l'honneur de la France auraient déclaré que, sans s'opposer aux décisions du Congrès ni à celles résultant des conventions particulières, il ne leur était pas possible comme représentants de la France de signer et de sanctionner en fait et en droit des résolutions et des traités qui n'avaient point été soumis à leurs délibérations. Si d'accord avec l'Italie, ils s'étaient retirés alors du Congrès, ils n'empêchaient certes pas les conventions diverses conclues secrètement entre les diverses puissances, mais ils n'y apportaient pas leur concours et leur ratification.

La signature par la France du traité de Berlin est non-seulement un aveu d'impuissance, c'est un manque de dignité, c'est une abdication.

Désormais nous serons forcément étrangers à ce qui se passera en Orient, nous n'avons plus prétexte à intervention, nous n'avons plus d'intérêts à faire valoir, nous n'avons plus de traités à y faire respecter, plus de droit, par conséquent, à nous immiscer dans les événements qui s'y produiront. Nous nous sommes aliénés à jamais la Turquie dont nous avons signé le démembrement, pendant que l'Angleterre, tout en s'associant à ce partage, s'en faisait l'alliée et la protectrice en vertu d'un traité formel ; nous avons renié notre politique traditionnelle et perdu toute influence et tout moyen d'action en Orient. Notre nom jadis tout-puissant y sera bientôt oublié et, grâce à l'état déplorable de notre marine marchande, notre pavillon même y sera bientôt inconnu. Car à l'époque de positivisime où nous sommes, on pourrait se consoler peut-être par amour de la paix, d'avoir perdu une influence politique qui serait compensée par des avantages commerciaux, mais hélas! c'est le contraire qui résulte du traité de Berlin car il livre à l'Angleterre toutes les voies commerciales de l'Asie! En nous affaiblissant ainsi, en nous annihilant en Orient, avons-nous du moins fortifié notre position en Occident où sont nos intérêts réels et immédiats? A défaut de possessions nouvelles, avons-nous, par nos complaisances envers tous les États de l'Europe, ménagé quelqu'alliance solide qui nous garantisse de toute entreprise et nous permette d'espérer même de rétablir nos frontières naturelles? Non encore! et, sous ce rapport le traité de Berlin nous livre à l'Allemagne sans alliés et nous enlève jusqu'au droit de protester contre le démembrement de la France qui ne saurait être plus sacrée aux yeux de l'Europe que la Turquie dont nous avons sanctionné le partage. Qu'est-ce donc qui garantit aujourd'hui l'intégrité des territoires? en droit ce sont les traités, en fait ce sont les alliances et les armes. Or ce que le congrès de Berlin a fait en 1878 contre la Turquie, pourquoi un autre congrès de Berlin ne le ferait-il pas contre la France? Où seront nos alliés? Le jour où la Russie et l'Angleterre seront sérieusement aux prises en Orient, l'Autriche y sera trop occupée pour songer à l'Occident, et M. de Bismark obtiendra la neutralité de l'Angleterre en Europe contre la neutralité de l'Allemagne en

Orient. Ce jour-là nous serons isolés, livrés à la discrétion de notre irréconciliable ennemie ! Voilà ce que voulait le prince chancelier, voilà le résultat du congrès de Berlin, voilà les conséquences évidentes du traité au bas duquel figure la signature de la France, voilà les fruits de la politique républicaine au milieu de l'Europe monarchique.

Ah ! si nos désastres nous imposaient la modestie et limitaient forcément notre influence actuelle dans les conseils des empereurs, l'honneur de la France et l'intérêt de la République imposaient au moins la dignité ! Vous qui raillez si témérairement les rois et notre glorieux passé, cherchez donc dans l'histoire une défaite qui ait eu de telles conséquences, cherchez donc un congrès où nos diplomates aient joué un rôle si piteux et si indigne d'une grande nation. Ah ! vous vouliez revenir à Paris les mains nettes, monsieur le ministre des affaires étrangères, vous avez réussi au delà de vos désirs sans doute, car la préoccupation de ne rien emporter vous a fait oublier sur la table du Congrès jusqu'à la sécurité et l'honneur de la France.

Vous avez été apprendre à Berlin ce que pèse la République française en Europe.

Qu'êtes-vous donc allé faire au milieu de ces diplomates qui ont tout réglé à leur profit sans vous et contre vous ; quel était votre but ; où est votre politique ? Quel triomphe comptiez-vous remporter quand vous faisiez écrire par le *Rappel* et la *République française*, journaux de votre majorité, que vous seriez au Congrès l'arbitre de l'Europe et que votre influence serait décisive? quelle était votre préoccupation patriotique en allant représenter la France devant toutes les grandes puissances, et n'en auriez vous vraiment pas eu d'autre que celle de faire asseoir la République à la table des Empereurs! Avez-vous voulu jouer au Congrès le rôle humiliant des parents pauvres flattés d'être admis chez les grands seigneurs et opinant du bonnet en toute occasion, même quand on les raille? Est-ce ainsi que votre République entend se conduire en Europe?

Vous rejetez toutes vos humiliations sur l'Empire et les désastres qui l'ont englouti; mais rappelez-vous donc les préoccupations et le langage des hommes de la Monarchie. Savez-vous ce qu'écrivait M. de Chateaubriand, ambassadeur à Rome à M. de Martignac après les désastres de 1815 à propos de cette même question d'Orient :

« L'alliance de la France avec l'Angleterre et l'Autriche contre la Russie, disait-il, est une alliance de dupes, où nous ne trouverons que la perte de notre sang et de nos trésors. L'alliance de la Russie, au contraire, nous mettrait à même d'obtenir des *établissements dans l'Archipel* et de *reculer nos frontières jusqu'au Rhin.* Nous pouvons tenir ce langage à Nicolas : « *Nous voulons avoir la ligne du Rhin depuis Strasbourg* « *jusqu'à Cologne,* voilà *nos justes prétentions.* La Russie « a intérêt, votre frère Alexandre l'a dit, à ce que la « France soit forte. »

(Mémoire adressé à M. de Martignac en 1829.)

M. de Polignac qui était, comme vous, partisan de l'alliance anglaise poursuivait le même but que M. de Chateaubriand. En donnant la Hollande à la Prusse, il rendait à la France ses frontières de 1792, le Rhin, la Belgique avec les forteresses de la Meuse.

Voilà, monsieur le ministre de la République, quelles étaient les préoccupations et les vues de la monarchie dans la question d'Orient en 1829, lorsque le traité d'Andrinople du 14 septembre vint soudainement arrêter la guerre entre la Russie et la Turquie.

Lorsqu'en 1840 la question d'Orient fut de nouveau soulevée, la France libérale se trouva isolée contre toute l'Europe absolutiste soutenue par lord Palmerston, qui fut toujours notre ennemi. Nous défendions alors Méhémet-Ali et nous voulions que le sultan lui concédât l'Égypte à titre héréditaire et la Syrie en viager. L'Europe, d'accord avec nous pour l'Égypte, ne voulait en viager que Saint-Jean d'Acre. Cette différence si légère faillit allumer la guerre. Or, dans cette situation, la France isolée parlait à l'Europe coalisée et armée un langage digne d'elle : « Agissez si vous voulez en Syrie à vos risques et périls, disait M. Thiers dans la note du 8 octobre adressée aux diverses puissances, nous ne l'approuvons pas, nous ne nous y opposerons pas; « mais à côté de la Syrie il y a l'Égypte : « nos relations avec elle sont de telle nature que si le « pacha d'Égypte était menacé dans son établissement « égyptien, nous ne pourrions pas, *nous ne voudrions* « *pas le souffrir*. Une attaque contre l'autorité de « Méhémet-Ali telle qu'elle est aujourd'hui consti- « tuée en Égypte *amènerait de notre part une déclaration*

« *de guerre*. Nous livrons la Syrie à vos tentatives d'in-
« tervention ; *nous vous interdisons de toucher à l'É-*
« *gypte.* » Et pour que ce langage eût toute sa portée,
nos places fortes étaient mises en état d'armement et
les fortifications de Paris étaient décrétées.

Voilà comment parlaient et se conduisaient les ministres de la monarchie de Juillet, voilà la politique
des hommes d'État d'alors, qui s'appelaient Thiers,
Broglie, Guizot, Rémusat.

On se rappelle comment la convention soudaine du
commodore Napier du 27 novembre termina sur les
lieux mêmes la querelle et les hostilités sans porter
atteinte au traité du 15 juillet soutenu par la France,
et sans franchir les limites de la note du 8 octobre ré-
digée par M. Thiers.

Les archives du ministère des affaires étrangères
sont pleines de documents où M. Waddington et M. de
Saint-Vallier auraient pu apprendre comment les ministres et les ambassadeurs de France parlaient à
l'Europe sous la monarchie et quelle attitude impose
l'honneur d'un grand pays, je ne dirai pas même mais
« surtout » au lendemain des désastres.

Mais non, la République a rompu avec toutes les
traditions françaises, même avec celle de l'honneur
national. Est-ce qu'il peut y avoir rien de commun
entre elle et le passé ? elle aime mieux n'avoir point de
politique du tout que de suivre celle de la France monarchique ; elle qui a tant bafoué la diplomatie de
l'Empire, elle vient de donner au monde un éclatant
modèle de diplomatie républicaine. Aussi M. de Bismark, *qui s'est payé d'avance sur la carte d'Europe*

(*Journal des Débats* du 8 juillet), a pu déclarer que le Congrès avait satisfait tout le monde et il a eu la gracieuseté de remercier les diplomates français de leur esprit conciliant. Il y avait de quoi, en effet, et je gage que leur complaisance et leur aveuglement ont dépassé ses espérances. Cependant, le journal *la France* avait annoncé, en apprenant la nomination de M. de Saint-Vallier à Berlin, « *qu'on pouvait être plus tranquille parce que M. de Bismark avait désormais devant lui, de notre côté, quelqu'un à qui parler.* » Quant à lord Beaconsfield, il a déclaré, devant la Chambre des lords, que les intérêts français en Orient « *étaient d'une nature sentimentale et qu'ils ne devaient pas faire oublier les intérêts plus substantiels de l'Angleterre.* » On s'en était aperçu de reste.

Ah ! c'est bien le cas de répéter le mot de M. de Fourtou : pauvre France !!! mais quand il le prononçait à la Chambre, ce malheureux pays n'était le jouet que de ses propres enfants, et c'est plus dur pour lui d'être aujourd'hui la risée de l'Europe. M. de Bismark, dont les radicaux se vantaient alors d'avoir l'appui, doit être satisfait, il a fait de bonne besogne et peut les remercier ; il le leur doit bien. M. Gambetta et les siens ont aidé l'Empire à faire l'Allemagne ; grâce à la guerre à outrance, ils lui ont donné l'Alsace et la Lorraine, grâce à leur politique au congrès de Berlin, on peut dire qu'ils lui ont livré la France. Décidément, M. de Marcère avait raison : « Les temps sont accomplis. »

Et maintenant, chantez la *Marseillaise*, qui est un chant de guerre, célébrez vos victoires, couronnezvous de fleurs et festoyez à Paris et à Berlin, messieurs les ministres de la République ! Sous l'Empire, on disait : la France est assez riche pour payer sa gloire, aujourd'hui chantez et dansez, la France est encore assez riche pour payer sa honte.

Et toi, bon peuple, chante et paye. Surtout ne te plains pas, car tu es souverain et tu ne peux t'en prendre qu'à toi-même de tout ce qui s'est passé en France depuis 1848, car depuis ce temps-là tu es le maître, c'est toi qui, par le suffrage universel, choisis directement ceux qui te mènent. Tu as commencé par Napoléon et tu finis par Gambetta, et leur politique t'a mené deux fois à Berlin, en 1870 pour châtier la Prusse, en 1878 pour que la République française y fût l'arbitre de l'Europe !

Pauvre France !!!

P.-S. — Après le *National*, journal officieux du gouvernement, la *République française*, journal officiel de la majorité, a dit le 12 juillet : « L'Angleterre a fourni à la France des garanties formelles lesquelles, lorsqu'elles seront connues, seront acceptées comme une ample satisfaction. »

Devant ces promesses de garanties formelles, nous avons suspendu la publication de nos appréciations jusqu'au retour de M. Waddington, mais le silence du gouvernement nous autorise à croire que la France n'a aucune compensation à espérer et que la *République française* seule (celle de M. Gambetta) a reçu de l'Angleterre une ample satisfaction lorsque ce dernier a été invité à déjeuner par le prince de Galles, qui l'a envoyé chercher dans sa propre voiture. On comprend que cette flatteuse distinction ne nous satisfasse pas et que l'honneur fait au chef de la majorité ne lave pas l'affront fait à la nation. Ce n'est point avec un déjeuner princier qu'on se paye à Londres, ni à Berlin, ni à Saint-Pétersbourg, ni à Vienne ; il paraît que les prince de Bismark, les comte de Beaconsfield, les comte Andrassy et les prince Gortschakoff, qui ne sont pas républicains, entendent d'une façon différente l'intérêt et l'honneur de leur pays.

FIN

F. Aureau. — Imprimerie de Lagny.